EU SOU O CAMINHO, A VERDADE E A VIDA

COLEÇÃO PÃO DA PALAVRA

- *Boa-nova de Jesus*: introdução didática aos livros do Novo Testamento – João Luiz Correia Júnior e José Flávio de Castro Fernandes
- *Entrevista com Paulo Apóstolo*: uma porta de entrada para sua vida e missão – Carlos Mesters
- *Eu sou o Caminho, a Verdade e a Vida*: uma espiritualidade para nosso tempo – Rosana Pulga
- *Ler e compreender a Bíblia*: sugestões práticas – Rosana Pulga
- *Nosso Deus é o Deus da vida*: novos enfoques para uma leitura do Gênesis 1 a 22 – Serviço de Animação Bíblica (SAB)
- *Os carismas na teologia paulina*: serviço e testemunho – Rosana Pulga

ROSANA PULGA

EU SOU O CAMINHO, A VERDADE E A VIDA

Uma espiritualidade para nosso tempo

Paulinas

Dados Internacionais de Catalogação na Publicação (CIP)
(Câmara Brasileira do Livro, SP, Brasil)

Pulga, Rosana
   Eu sou o caminho, a verdade e a vida (Jo 14,6) : uma espiritualidade para
nosso tempo / Rosana Pulga. – 2. ed. – São Paulo : Paulinas, 2012. – (Coleção
pão da palavra)

   ISBN 978-85-356-0803-8

   1. Alberione, Tiago, 1884-1971   2. Espiritualidade   3. Jesus Cristo -
Palavras   4. Paulo, Apóstolo, Santo - Teologia   5. Vida cristã   I. Título.
II. Série.

12-05040   CDD-248.4

Índice para catálogo sistemático:
1. Experiência cristã : Espiritualidade : Vida cristã 248.4

2ª edição – 2012

Direção-geral:	*Bernadete Boff*
Editora responsável:	*Vera Ivanise Bombonatto*
Copidesque:	*Ana Cecilia Mari*
Coordenação de revisão:	*Marina Mendonça*
Revisão:	*Sandra Sinzato*
Assistente de arte:	*Ana Karina Rodrigues Caetano*
Gerente de produção:	*Felício Calegaro Neto*
Projeto gráfico:	*Telma Custódio*
Capa e diagramação:	*Wilson Teodoro Garcia*

Nenhuma parte desta obra poderá ser reproduzida ou transmitida
por qualquer forma e/ou quaisquer meios (eletrônico ou mecânico,
incluindo fotocópia e gravação) ou arquivada em qualquer sistema ou
banco de dados sem permissão escrita da Editora. Direitos reservados.

Paulinas

Rua Dona Inácia Uchoa, 62
04110-020 – São Paulo – SP (Brasil)
Tel.: (11) 2125-3500
http://www.paulinas.org.br – editora@paulinas.com.br
Telemarketing e SAC: 0800-7010081

© Pia Sociedade Filhas de São Paulo – São Paulo, 2012

*Para todos aqueles que,
amando a Jesus,
querem segui-lo no caminho
do discipulado missionário
e alcançar a Vida Eterna.*

SUMÁRIO

APRESENTAÇÃO 9

I – A ESPIRITUALIDADE PAULINA 13
1. Um caminho para Deus 13
2. Uma espiritualidade integral 14
3. Características da espiritualidade paulina
   em Cristo Mestre Caminho, Verdade e Vida 18

II – JESUS, O MESTRE 21
1. Fundamentação 23
2. Jesus Mestre 24
3. Que Mestre é Jesus? 25

III – JESUS, O CAMINHO 31
1. Eu sou o Caminho 31
2. Jesus no caminho de Paulo 32
3. Testemunhas do Caminho 35
4. Orando pelo Caminho 36

IV – JESUS, A VERDADE 37
1. Jesus Mestre Verdade 37
2. Testemunhas da Verdade 39
3. Orando em Verdade 40

V – JESUS, A VIDA 43

1. Jesus Mestre Vida 43
2. Testemunhas da vida 47
3. Orando pela vida 47

VI – UMA ESPIRITUALIDADE QUE SE COMPROMETE 49

1. No centro está Jesus 50
2. Leitura divina e orante da Palavra 51

ORAÇÕES 55

APRESENTAÇÃO

O Espírito Santo na sua total liberdade sopra onde quer e suscita profetas para orientar cada época da história. Pe. Alberione dizia: "Deus vai acendendo as luzes, ao longo do caminho, à medida que delas precisamos".

O Espírito do Senhor, guiando a história da Igreja, sempre deu vida a cada cristão e a toda a comunidade eclesial, fazendo-a produzir frutos de santidade em cada época. Existiram sempre místicos que vivenciaram com intensidade essa presença do Espírito. Estes homens e estas mulheres que pura e simplesmente acolheram a ação do Espírito produziram frutos de santidade capazes de alimentar também seus irmãos e irmãs de caminhada, como, por exemplo: Paulo apóstolo, Irineu de Alexandria e João Crisóstomo. Depois deles, muitas outras pessoas se deixaram seduzir pelo Espírito: Antônio de Lisboa, Teresa d'Ávila, Teresinha de Jesus, Martinho de Porres, Mariana de Jesus, José de Anchieta, Oscar Romero, Helder Câmara, Irmã Dulce, Dom Luciano M. de Almeida, Francisco e Clara, Tiago Alberione e Tecla Merlo.

Mais próximos de nós, os veneráveis Pe. Tiago Alberione e Irmã Tecla Merlo, deixando-se possuir pelo Espírito Santo, beberam na *fonte genuína da Palavra*

9

de Deus e se apaixonaram por Jesus Mestre, Caminho, Verdade e Vida.

Pe. Tiago Alberione, diante de sua experiência pessoal, dos apelos da realidade, e contemplando a experiência cristã de Paulo, descobre a totalidade do mistério de Cristo, que perpassa toda a vida deste apóstolo. Impactado pela experiência de Paulo, Pe. Alberione a estuda, medita, contempla e se envolve nela até conseguir expressá-la nos termos do Evangelho: *Jesus, o Mestre, o Caminho, a Verdade e a Vida.*

Hoje, nós, entrando na experiência de Pe. Alberione, nos damos conta de que o título Mestre é mais dos evangelhos sinóticos, particularmente de Mateus, enquanto o trinômio Caminho, Verdade e Vida é próprio do Evangelho de João (cf. 14,6). Mas Pe. Alberione deixa claro que a expressão *Jesus Mestre, Caminho, Verdade e Vida* constitui uma síntese vital de todos os evangelhos. Quando seus filhos e filhas lhe perguntavam: "Qual é mesmo a espiritualidade paulina?", ele respondia: "É todo o Evangelho!". Convicta disso, a Irmã Tecla Merlo, quando suas filhas partiam para a missão, animava-as dizendo: *emprestemos nossos pés ao Evangelho.*

Quanto bem você, eu, nós podemos fazer vivendo essa espiritualidade, emprestando ao Evangelho não só os pés, mas também a cabeça, as mãos, o coração, os sentimentos e as emoções. E assim, unidos ao espírito da *família paulina*, fazer "correr" a mensagem do Evangelho. É preciso ajudar esta família na sua grande tarefa de evangelizar na atual cultura da comunicação, especialmente se servindo dos meios mais modernos da comunicação social para tornar mais conhecido e amado Jesus Cristo Divino Mestre, Caminho, Verdade e Vida.

É ainda o Pe. Alberione quem fala e deseja que muitos leigos e leigas entrem nessa espiritualidade e nessa missão comunicadora:

> Penetrando com a mente no futuro, pareceu-lhe que no novo século pessoas generosas haveriam de sentir o que ele sentia e, fazendo parte de uma organização, poderiam fazer um grande bem.

Hoje a Igreja convida toda pessoa batizada a descobrir e aprofundar a Palavra de Deus, para revitalizar o "dom batismal", raiz da vida cristã, capaz de tornar-nos pessoas comprometidas com a causa do Reino de Deus (VD, 173 e 174).

Ajudará você a leitura aprofundada do livro de Rosana Pulga, *Ler e compreender a Bíblia: sugestões práticas*, também publicado por Paulinas Editora.

I – A ESPIRITUALIDADE PAULINA

1. UM CAMINHO PARA DEUS

A espiritualidade paulina é essencialmente um caminho de vida nova, de vida segundo os critérios do Evangelho no seguimento de Jesus para podermos chegar a Deus. É como o próprio Jesus se definiu no Novo Testamento: "Eu sou o Caminho, a Verdade e a Vida; Eu sou o Caminho para o Pai; Eu sou a Porta; Eu sou o Bom Pastor" (cf. Jo 10 e 14).

Mas o que é espiritualidade? Espiritualidade é buscar as coisas de Deus. É ter uma "motivação" de fé, de esperança e de amor em tudo o que fazemos. Espiritualidade é deixar-se conduzir pela força interior que vem do Espírito de Deus que geme dentro de nós, intercede por nós e nos acolhe junto a ele, tornando-nos aptos para o serviço, para o louvor e a glória de Deus (cf. Rm 8). A espiritualidade é uma forma, um jeito de viver despojadamente de tudo e de todos, felizes e em paz. "Nada te perturbe, nada te assuste. Só Deus te baste", foi a conclusão à qual chegou Santa Teresa d'Ávila, na sua busca do Absoluto.

Portanto, *espiritualidade* é amar a Deus sobre todas as coisas e ao próximo como a nós mesmos, como fez Jesus: é pensar como Jesus pensou, viver como Jesus viveu, decidir como Jesus decidiu, comprometer-se pelo Reino de Deus, como Jesus se comprometeu. Espiritualidade é amar do jeito que Jesus amou a todos, sem exclusões e até o fim.

A espiritualidade é a ação do amor que nos abre para todas as dimensões da vida. Um movimento espiritual não cai do céu. Um movimento espiritual tem suas raízes profundas na Palavra de Deus, que é fonte de toda a vida e cresce com a prática do amor.

Espiritualidade é também captar os sinais dos tempos e dar cor a um estilo novo de vida, no seguimento de Jesus Cristo, identificando-se com ele em alguma de suas expressões de vida, servindo aos irmãos e irmãs, especialmente aos mais pobres, excluídos e injustiçados; contribuindo com a formação do pensamento cristão, com a formação da consciência das pessoas, e também com a justiça e a cidadania.

2. UMA ESPIRITUALIDADE INTEGRAL

O Pe. Alberione dedicou grande parte de sua vida à elaboração e ao ensino do *espírito paulino*. Assim, ele costumava chamar a espiritualidade que bebeu na meditação diária, no estudo profundo do Evangelho, das cartas de Paulo apóstolo e na cotidiana resposta de sua vocação sacerdotal. Ele compreendeu que tudo aquilo que Jesus o chamava a viver era um novo estilo de vida. Um novo jeito de seguir a Jesus. Não somente em alguma expressão da vida do Filho de Deus, mas na totalidade do seu mistério e do seu ministério. De sua própria experiência na prolongada oração de quatro horas, diante do Tabernáculo, na noite que dividia o século XIX do século XX, o jovem Tiago Alberione ficou "profundamente tocado" pela forma como Jesus lhe falava. Meditando e deixando-se guiar pela força dessa experiência pessoal, ele compreendeu o que viveu Paulo de Tarso, o qual depois de sua conversão se apaixona por Jesus Cristo a ponto de esquecer tudo o que antes eram vantagens. Tanto assim que, depois dessa experiência, ele já não se chamará Saulo, mas Paulo, apóstolo de Jesus Cristo (cf. 1Cor 1,23-24; 11,23a; Fl 2,5a; 3,7-8; Rm 11,33-36; 8,14-17.35-39). Tiago Alberione também se sentia profundamente incomodado com o veemente apelo do sociólogo Toniolo que, diante das ideias do liberalismo, insistia: "Uni-vos; se o inimigo nos encontrar isolados, vencer-nos-á um a um" (AD, n. 17).

Pe. Alberione registra na terceira pessoa do singular o quanto esses fatos o marcaram. Ele nos conta que até deixou transparecer algo no seu rosto e no seu jeito porque os colegas lhe perguntavam o que havia acontecido com ele:

> Desde então, tais pensamentos influenciaram-lhe o estudo, a oração, toda a formação: e a ideia, no início muito confusa, tornava-se mais clara, e com o passar dos anos tomou aspecto mais concreto (AD, n. 21).

A decisão de fazer algo por Deus e pelas pessoas do novo século com as quais iria conviver, ele a tomou quando no Seminário de Alba (Itália) foi estudada a encíclica do Papa Leão XIII *Tametsi futura* [Inquietações do futuro], chamada também de encíclica de Cristo Caminho, Verdade e Vida. Ao século que começava tão confuso, com tantos erros e idolatrias, o Papa indicava e oferecia uma alternativa: somente em Cristo Caminho, Verdade e Vida há salvação. O jovem Tiago Alberione estava sempre de mente, coração e vontade abertos, perscrutando os sinais dos tempos para responder ao chamado que Jesus Divino Mestre lhe fazia.

O Pe. Alberione, quase se identificando com a experiência do apóstolo Paulo, o estudou, o amou e sempre quis que São Paulo fosse o grande inspirador, o patrono, o guia e pai da família religiosa que fundou e que conhecemos como "família paulina".

Aprofundando o grande amor de Jesus pelo apóstolo Paulo, Pe. Alberione compreendeu que havia uma grande semelhança do amor misericordioso e imenso com que Jesus também o acolhera. Ainda jovem, na sua adolescência, passou por grandes crises e Jesus o abraçou, o amou, o acolheu e lhe fez ver o caminho da santidade. Ele se colocou então na escola do Divino Mestre e entendeu que Jesus Mestre Caminho, Verdade e Vida é uma grande espiritualidade de toda a Igreja, e para todos os batizados. Porém, era preciso que alguém a compreendesse bem e a vivesse para transmiti-la a todos. Por isso, ele repetia constantemente: "a família paulina é chamada a viver e anunciar Jesus Mestre Caminho, Verdade e Vida da humanidade". Mas, antes de tudo, Pe. Alberione mesmo viveu, estudou e depois transmitiu essa espiritualidade.

Já em 1918 ele pensa numa associação de leigos que, no desejo ardente de viverem o seu batismo, se associem a fim de ajudar a Igreja a utilizar as novas formas da comunicação para o anúncio do Evangelho, aos quais ele chama de "cooperadores paulinos", pois viveriam a espiritualidade do apóstolo Paulo.

Pe. Alberione via longe! Estava sempre atento aos sinais de Deus. Quando a mulher ainda era confinada "à cozinha", ele acreditou nas suas potencialidades ao lado do homem e confiou essa tarefa de anunciar o Evangelho através dos meios de comunicação social e da própria comunicação, também à mulher. Ele entendeu que a mulher tinha todas as condições para viver essa grande espiritualidade. Olhando para Maria na anunciação, no nascimento de Jesus, no cenáculo e no calvário, compreendeu o quanto a mulher era importante nos ministérios da Igreja. Então escreveu o livro *A mulher associada ao zelo sacerdotal* (já traduzido para o português). Ele encontrou em Tecla Merlo a discípula fiel, a mãe solícita, a amiga confiável, a irmã e companheira de todos os momentos. Irmã Tecla Merlo foi uma mulher forte e intuitiva que soube captar, juntamente com o Pe. Alberione, e transmitir às Filhas de São Paulo (Paulinas) essa espiritualidade que jorra de uma única fonte: Jesus Mestre Caminho, Verdade e Vida, e colaborou para que a mulher fosse protagonista no anúncio do Evangelho, servindo-se dos meios modernos de comunicação. Ela costumava repetir: "Queria ter mil vidas para doá-las todas nesta nobre missão. Emprestemos nossos pés ao Evangelho". Falando dela, o Pe. Alberione diz: "Ela trazia sempre consigo o Evangelho e quando tinha um tempinho o lia e o meditava".[1]

---

[1] Para conhecer a vida de Tecla Merlo, leia, de Aparecida Matilde, *Uma vida pelo Evangelho* (São Paulo, Paulinas, 2000).

3. CARACTERÍSTICAS DA ESPIRITUALIDADE PAULINA EM CRISTO MESTRE CAMINHO, VERDADE E VIDA

A "espiritualidade paulina" é uma espiritualidade integral e integradora, própria para a nossa época, para o nosso tempo. Ela se dirige à "pessoa total", ou seja, abrange todas as faculdades da pessoa humana: mente, vontade, forças físicas e sentimentos, de modo a integrá-las, santificá-las e cristificá-las. Assim, a espiritualidade paulina quer dar à Igreja uma nova dimensão na santidade e na missão de comunicar o Cristo total através da comunicação total. Por isso, o Pe. Alberione recomendava que é preciso dispor-se a uma grande, generosa e total doação.

Estas características marcam a espiritualidade paulina e a identificam:

- O sentido do "Cristo total" Caminho, Verdade e Vida para a "pessoa total": pensamentos, atividades, vivências; mente, vontade, coração; ideias, projetos, emoções. Tudo: em Cristo, com Cristo, por Cristo o Caminho, a Verdade, a Vida.
- O significado mariano-apostólico traz implícita a presença atuante da mulher: Maria nos leva sempre a Jesus Cristo.
- A primazia dada à Palavra de Deus: a Bíblia e a Eucaristia. A mesa do Pão e da Palavra.
- Um modo novo de entender e praticar a pobreza evangélica, centrada no trabalho, em suas várias expressões, entre outras: manual, intelectual, artístico, técnico, social. Viver do próprio trabalho era a nova face da pobreza evangélica que a fa-

mília paulina era chamada a apresentar ao novo século.

- Um autêntico sentido de humildade, simplicidade e alegria: todas as obras devem começar com o espírito de Belém e Nazaré. É inútil pensar nas obras de Deus começando com muito dinheiro.
- Uma profunda compreensão do pecado e da conversão: "viver em contínua conversão". Valorizar a misericórdia de Jesus.
- Um grande apreço às realidades terrenas, conforme o espírito de São Paulo. Mas que sejam dirigidas a Cristo, valor supremo e libertador do universo. Em tudo dar graças e buscar unicamente a glória de Deus e o bem da humanidade. Não precisa falar sempre de Deus, mas falar sempre cristãmente de tudo.
- Um profundo sentido pastoral: "organizar o bem", fazer-se tudo para todos, a fim de ganhar todos para Cristo, como São Paulo. Viver o que Paulo apóstolo viveria hoje.
- Aspirar viver integralmente o Evangelho de Jesus Cristo Caminho, Verdade e Vida, no espírito do apóstolo Paulo e sob a orientação terna de Maria Mãe, Mestra e Rainha dos Apóstolos.

A pessoa integral em Cristo, para um amor total a Deus: inteligência, vontade, emoções, afetividade, forças físicas. Tudo: natureza, graça e vocação para o apostolado. Carro que corre sobre quatro rodas: santidade, estudo, apostolado, pobreza (Pe. Alberione, AD, n. 100).

II – JESUS, O MESTRE

Que títulos Jesus recebe nos evangelhos? O título *Mestre* é o mais comum que os evangelhos dão a Jesus. Pena que tenha sido tão esquecido ou tenha sido atribuído a Jesus dentro de uma interpretação antipática, como aquele que aponta o dedo em riste. Mas isso é o que Jesus nunca quis ser.

O *Magistério* de Jesus é uma realidade profunda, é o paradigma, o modelo de todo o magistério porque nasce do coração da Trindade (Jo 5,19-20). O magistério de Jesus lhe foi entregue pelo Pai: "misericórdia é o que eu quero". O Pe. Alberione, penetrando nesse magistério de Jesus, o experimenta e o compreende. Ele vê Jesus Mestre Caminho, Verdade e Vida como centro de toda a experiência cristã, o vê como a fonte geradora de toda a forma de amar, de toda a oração e de toda a missão. Por isso, o coloca como centro da espiritualidade paulina. Pe. Alberione via nessa espiritualidade a globalidade, e sempre recomendava que Jesus fosse compreendido como o compreendeu São Paulo: o Mestre da Comunicação do Pai; o Mestre da Boa-Notícia do Pai; o Mestre do amor, o Mestre da *pessoa na sua totalidade*: mente, vontade, emoções.

O jovem Alberione era ainda seminarista, e tinha apenas 16 anos, quando passou quatro horas em oração diante do sacrário, na Catedral de Alba, Itália, naquela noite que dividiu o século XIX do século XX. Ele pedia a Jesus que o novo século nascesse da Eucaristia e da Palavra. Foi nessa prolongada oração que ele também fez sua grande experiência religiosa, uma experiência que lhe transformou toda a vida, o direcionou até a morte e sempre esteve ligada ao seu batismo. Como ele mesmo conta, parecia-lhe que da hóstia vinha uma grande luz e Jesus como Mestre Bom, apontando para o sacrário, dizia-lhe: "Vinde a mim todos". Essas palavras de Mateus capítulo 11, versículo 28, estavam escritas na língua latina: *Venite ad me omnes*. O advérbio *omnes* quer dizer "todo", e em latim é invariável tanto para o singular (todo, toda) como para o plural (todos, todas). Portanto, o jovem compreendeu que Jesus o chamava a si "todo": venha a mim todo você. Todo inteiro. Totalmente. Mais tarde ele entendeu que era preciso ir "todo" a Jesus, o Bom Mestre, para poder levar "todos" para ele.

Dessa mesma luz que vinha da hóstia, Jesus lhe fazia o convite: "Vinde a mim todos". Mais tarde uma luz maior lhe assegurava que estaria sempre com ele e com sua família religiosa: "Não temam, eu estou com vocês. Daqui quero iluminar. Vivam em contínua conversão!".

A partir dessa experiência pessoal, seu coração se tornou totalmente apostólico, pedindo e suplicando a Jesus Mestre Caminho, Verdade e Vida que fossem sanadas as leis, a política, os costumes; que no novo século desabrochassem santos escritores e divulgadores; que a Bíblia fosse traduzida em linguagem acessível, pastoral, e que a Igreja tivesse grandes santos e santas.

Sempre absorto nessa experiência, dizia às Filhas de São Paulo: "Avante, Filhas de São Paulo, pregai a verdade na caridade!".

1. FUNDAMENTAÇÃO

a) Jesus Mestre Caminho

É Jesus, o bom Mestre, quem deverá iluminar os projetos futuros da sociedade, da política, da economia, das descobertas, das instituições religiosas e, sobretudo, da Igreja como tal. "[...] tudo deve ser impregnado do Evangelho", diz Pe. Alberione. O Papa João Paulo II também adverte: "Se a humanidade continuar a repetir os mesmos erros no novo milênio, teremos um triste amanhã". É preciso impregnar-se de Deus para gerar Jesus Cristo em tudo e em todos. O caminho para a liberdade em Cristo é árduo, mas é seguro, é certo, é firme: "Ninguém vai ao Pai senão por mim" (Jo 14,6).

b) Jesus Mestre Verdade

É Jesus Verdade quem deverá constituir a grande certeza, em torno da qual giram as certezas científicas, sociais, políticas e econômicas. As certezas da fé, da vida eterna. "E o Verbo se fez carne e habitou entre nós e nós vimos a sua glória; glória que ele tem junto do Pai, como Filho único, cheio de graça e de verdade" (Jo 1,14). Jesus é a mesma verdade revelada ao longo da história da salvação: Deus nos salva em seu Filho, o Messias prometido. "Quem é esse, quem lhe deu tal poder; como pode perdoar pecados?" É a verdade divina questionando as incertezas humanas.

c) Jesus Mestre Vida

É Jesus Vida quem deverá impregnar toda a história que está grávida aguardando um novo amanhã. Toda a natureza geme e anseia por uma nova forma de vida em que não haja mais exclusões, violências, rebeldias, acúmulos de bens para alguns e tanta injustiça social. "Eu sou o Bom Pastor e dou a minha vida por minhas ovelhas". A Palavra criadora, a Palavra da vida, o Eterno, o "não manifesto" se encarna na história humana e assume a vida humana para torná-la divina. "Eu vim para que todos tenham vida e a tenham em abundância e em plenitude" (cf. Jo 10,10ss).

2. JESUS MESTRE

Em João 3,2, Nicodemos foi, à noite, procurar Jesus e lhe disse: "Rabi, sabemos que vieste como mestre da parte de Deus".

Os evangelhos sinóticos confirmam essa proposição de Nicodemos, de modo que os três afirmam que Jesus é o enviado de Deus: "Este é meu Filho amado, o meu eleito. Escutai-o!" (cf. Lc 9,35; Mt 17,5; Mc 9,7).

Essa experiência que Jesus faz no seu batismo é o núcleo central de toda a sua missão. É uma experiência mística que impulsionará toda a sua vida. Nessa narrativa do batismo de Jesus, os evangelhos declaram que o céu está fechado. O céu fechado significa biblicamente que não é possível vislumbrar nenhuma esperança de salvação. Porém, na hora do batismo de Jesus os céus se abrem, se rasgam. Jesus vê uma esperança nova: o projeto de Deus vai se cumprir, vai se realizar. O Espírito Santo desce sobre Jesus em forma de pomba. Jesus sente-se plenificado, sente-se forte, sente-se totalmente possuído pelo Espírito Santo que o conduzirá, em paz, até o fim da missão que o Pai lhe confiou. A voz do Pai se manifesta, vem do alto e declara: "Este é meu Filho muito amado". E o declara Mestre da humanidade: "Escutai-o". Nesse momento, Jesus faz a maior das experiências: sente-se Filho muito amado. Ele experimenta, como Filho amado, a plenitude do amor do Pai. Este amor o confirma na missão e lhe dá autoridade: "escutai-o". Ele é o vosso Mestre! Essa mesma experiência que Jesus fez no batismo ele a revive no momento de sua transfiguração e permite que seus três amigos: Pedro, Tiago e João participem dela, como que para infundir-lhes coragem, confiança e esperança para o futuro (cf. Mc 9,2-8). Essa experiência mística de Jesus, partilhada pelos três discípulos, é um protótipo, é uma expressão de que toda a pessoa batizada é chamada a fazer a mesma experiência vital de sua fé em Jesus Cristo. Experiência transformadora que transfigura a pessoa. Como a maioria de nós recebe o batismo ainda criança, somos convidados a fazer essa experiência de maneira consciente em nossa crisma ou em um momento de maior luz em nossa vida de fé cristã.

Essa espiritualidade está centrada na experiência batismal e favorece o seu pleno desenvolvimento.

3. QUE MESTRE É JESUS?

Alberione ainda jovem sentiu a necessidade de um mestre, um mestre bom que o ajudasse a encaminhar toda a sua vida para o bem, que fosse para ele um mestre de vida. Diante das fortes crises de sua adolescência, ele descobre que somente Jesus é o Mestre Bom, o Mestre que lhe dá segurança, que o acolhe cheio de compaixão e misericórdia, como acolheu São Paulo. Ele se apaixona por esse Mestre, Jesus de Nazaré, pela sua obra e seu ensinamento, e o vai descobrindo e entendendo-o sempre mais e melhor na oração, meditação e estudo dos evangelhos e das cartas de São Paulo. Reconhece que ele é o único Mestre de vida, ele é um "Bom Mestre" de amor e de sabedoria, por isso, entrega-se totalmente a ele.

Aos poucos, na oração e na ação, o Pe. Alberione o vê como:

a) Jesus Mestre do Amor

Jesus não é, em primeiro lugar, um mestre de ensinamentos morais certos ou de crenças corretas. O Mestre da escola da vida está sempre pronto para estimular o bem, o bom, o belo, o positivo que há no mais íntimo das pessoas. Ele conhece os pensamentos mais ocultos e nunca julgou, nunca condenou, sempre ergueu. O que mais lhe agrada são o amor e a misericórdia, porque ele não veio para salvar os justos, mas os pecadores (cf. Mt 9,13). Ele é o Mestre do Amor e no Amor. É por isso que diz: "Vinde a mim todos vós que estais cansados de carregar o vosso fardo [...] carreguem o meu fardo porque é leve e suave". O Evangelho apresenta Jesus como o Mestre da mais pura sensibilidade e da mais perfeita humildade: "Aprendam de mim que sou manso e humilde de coração" (cf. Mt 11,28ss). Ele se compadece da multidão porque era como ovelhas sem pastor, sem pai, sem mãe (cf. Mc 6,34). Jesus Mestre do AMOR! Esse amor que reúne a lei e os profetas como numa única vertente para alimentar a vida de fé e a missão de todos aqueles e aquelas que quiserem ser seus discípulos e discípulas: amar a Deus, amar o próximo engloba a lei e os profetas. Esse Mestre de amor incendiou milhares e milhares de corações, inclusive o do jovem Tiago Alberione. Agora ele quer fazer arder de amor também o seu coração. O Senhor, o Bom Mestre, quebrará todas as barreiras, o livrará de todos os obstáculos, se você lho permitir, e o conduzirá à vida de supremo amor.

b) Jesus Mestre Profeta e Sacerdote

Jesus assume o batismo de João e começa a exercer sua missão profética e sacerdotal — como o profeta Isaías a descreve —, e Lucas vê essa missão confirmar-se em Jesus: "O Espírito do Senhor está em mim e me enviou para anunciar e denunciar" (cf. Is 61,1-2; Lc 4,18-19). Como Mestre enviado por Deus e Filho muito amado, Jesus faz as obras de Deus, anuncia e ensina o caminho de Deus. Denuncia todo egoísmo, falsidade e injustiça (cf. Jo 2,14-16). Na fidelidade ao projeto do Pai, ele próprio se oferece, tornando-se, assim, vítima e sacerdote (cf. Mc 14,23-24.34-36). Ele é o Mestre, profeta e sacerdote consciente do "cálice" que irá beber para ser coerente e fiel à sua missão. Quando Jesus é interrogado se ele é o Messias, responde com extremo equilíbrio, segurança e humildade: "Ide contar a João o que estais ouvindo e vendo: os cegos recuperam a vista, os coxos andam, os leprosos são purificados e os surdos ouvem, os mortos ressuscitam e os pobres são evangelizados" (Mt 11,4-6). É isso que Jesus anuncia com sua mensagem e com suas ações. O capítulo 11 do Evangelho de Mateus é um dos mais preciosos ao coração sensível do Pe. Alberione, porque é nele que melhor se expressa que Mestre é Jesus. Esse Mestre cativa plenamente o discípulo Alberione.

E eu, que também desejo ser discípulo(a) do Divino Mestre, o que sinto ao olhar para Jesus Mestre? O que mais me cativa nele?

c) Jesus Mestre Bom

É um Mestre carinhoso, que acolhe, indica, mas não força, porque ele educa para a plena liberdade, para a corresponsabilidade (cf. Mc 10,17; Lc 18,18). É o Mestre Bom, que valoriza ao máximo a pessoa humana. Que a coloca noutra perspectiva de vida plena, onde ela será capaz de descobrir seus dons e seus talentos. Ele é o Mestre Bom que estimula uma entrega generosa a serviço do Reino de Deus. Os sofrimentos, parte integrante da caminhada, ao invés de abatê-lo, expandem a sua sabedoria de vida. Por isso, adverte a todos: "Quem guardar sua vida vai perdê-la, quem a doar vai ganhá-la" (cf. Mt 16,25). Pe. Alberione, compreendendo essa lição do Mestre Bom, entrega sua vida sem medida numa transbordante gratuidade.

Como eu me posiciono diante desse Mestre Bom que me convida a amar a Deus sobre todas as coisas e ao próximo como a mim mesmo?

d) Jesus Mestre Bom Pastor

Jesus é o Bom Pastor que dá a vida por suas ovelhas. Ele ensina como cuidar, como pastorear o rebanho que o Pai lhe confiou e que ele vai confiar aos seus discípulos e discípulas de todos os tempos (cf. Jo 10,7-17). Jesus, que era o Mestre enviado por Deus, nunca usou a força, o poder de Deus em favor próprio. Ele suportou toda espécie de julgamento, de perseguição e até a morte de cruz como um homem de fé, um homem marcado por Deus, como um homem plenamente responsável pela missão que Deus lhe confiou. Por isso, deixou para toda a humanidade o exemplo de um Bom Mestre e Bom Pastor. Jesus é o Bom Pastor, o Bom Mestre, o Bom Amigo, fiel até o fim, aquele que dá sua vida por aqueles que ama (cf. Mc 15,2-5). Leia atentamente todo o capítulo 17 do Evangelho de João.

Como posso me engajar na ação pastoral para ajudar a "organizar o bem" na sociedade?

Eis, em breves palavras, o Mestre de Nazaré, da "doce escola de Nazaré", como também o chama Pe. Alberione, quando medita profundamente a humildade, a alegria e a obediência de Jesus a Maria e José nos trinta ou mais anos de sua vida silenciosa.

Pe. Alberione compreendeu bem que Jesus é realmente o Mestre, e então uniu a expressão encontrada principalmente no Evangelho de Mateus com a de João 14,6 e compôs essa forma de invocação: "Jesus Mestre Caminho, Verdade e Vida tende piedade de nós".

III - JESUS, O CAMINHO

Quando se estuda São Paulo, encontra-se nele o discípulo que conhece o Divino Mestre em sua plenitude. Vive-o totalmente. E alcança os mistérios mais profundos da doutrina, do coração, da santidade, da humanidade e da divindade de Jesus. Paulo vê Jesus como doutor, oferenda e sacerdote. Apresenta-nos o Cristo total, como ele próprio se definiu: Caminho, Verdade e Vida (Pe. Alberione).

1. EU SOU O CAMINHO

Como eram chamados os fiéis das primeiras comunidades cristãs? Seguidores do Caminho! (leia: At 9,1-2). Isto significa que *Caminho* é aqui uma pessoa, a pessoa de Jesus. Como é que Jesus é o Caminho? Jesus é o Caminho porque ele é a única Via, o único acesso ao Pai. Jesus é o único *Método*. A palavra método vem da língua grega e nela está incluída a palavra caminho *met + odos*, (odos = *caminho, via*): Ἐγώ εἰμι ἡ ὁδός = Eu sou o caminho.

Ao ler o livro *Iracema*, de José de Alencar, obra de nossa literatura, surpreendi-me com uma página extraordinária na qual o autor explica o sentido do *Guia* entre nossos indígenas:

> *Guia*, chamavam os indígenas de "senhor do caminho", *piguara*. A beleza da expressão selvagem em sua tradução literal e etimológica me parece bem saliente. Não diziam sabedor (do caminho) embora tivessem termo próprio, *coaub*, porque essa forma não exprimia a energia de seu pensamento. O caminho no estado selvagem não existe, não é coisa de se saber. Faz-se na ocasião da marcha através da floresta ou da mata, em direção certa; aquele que tem o rumo certo e o dá é realmente *senhor do caminho*. Não é bonito! Alguns preferiram a palavra *Guia*, outros *Rei do caminho*, mas nenhuma dessas traduções corresponde ao pensamento selvagem.

Portanto, Jesus não é nosso guia, ele é o Senhor do Caminho, *piguara*, porque ele é o único que tem nas mãos o caminho da humanidade, e o dá, o oferece. Ninguém vem ao Pai senão por mim (cf. Jo 14,6ss). Jesus é o *Projeto* de Deus para a salvação da humanidade. E para a humanidade alcançar sua divinização, é necessário passar por esse Caminho, aplicar esse Método e pôr em prática esse Projeto.

2. JESUS NO CAMINHO DE PAULO

Paulo, o perseguidor, entendeu muito bem isso, pois os seguidores desse Caminho, os que praticavam esse projeto, eram os que subvertiam a ordem judaica: leis, costumes, orações e tradições. Ele, fariseu impecável, não podia admitir esse tipo de Caminho. Também não podia admitir esse projeto. Por isso, quando ainda se chamava Saulo, concordou com a morte de Estevão, que era um diácono seguidor do Caminho e seu conterrâneo.

Saulo, como judeu fervoroso, observou a Lei da forma mais rigorosa possível para alcançar aquilo que todo bom judeu tanto almejava: ver a face de Deus, que na tradição judaica só é possível através da rigorosa observância da Lei. Ora, Estevão, aderindo ao Novo Caminho, em muitas coisas vai contra a Lei e as tradições judaicas, como, por exemplo, o contato com as impurezas dos doentes, pobres e pecadores. Na hora da morte, quais são as palavras de Estevão? Qual é seu testemunho? "Estou vendo o céu aberto e o Filho do Homem, de pé, à direita de Deus." Repleto do Espírito Santo, Estevão vê a glória de Deus, vê o rosto de Deus. Experiência semelhante à de Jesus no seu batismo (cf. At 7,56; Mc 1,9-11). Ora, isto era um absurdo para o jovem Saulo. Com os mantos dos apedrejadores a seus pés, ele consente na morte de Estevão. Mas, apesar da observância da Lei, não alcança aquilo que Estevão, seu jovem colega, alcançou: ver o rosto de Deus. Esse fato permanecerá como uma grande interrogação e inquietação em Paulo até o dia em que, indo oficialmente pelo caminho de Damasco para perseguir os seguidores do Caminho, ele será apanhado por Jesus (cf. Fl 3,12) e cairá dentro desse mesmo Caminho: Jesus, o Cristo, o ungido de Deus (At 9,3-9) que lhe revelará seu rosto glorioso.

Paulo prepara um projeto oficial de morte para o Caminho (At 9,2), mas o Caminho tem um projeto oficial de vida para Paulo (At 9,15.27) e fará dele o seu apóstolo para o anúncio do Evangelho.

A luz do Caminho foi tão forte que lhe ofuscou a visão (At 9,8-9). Aquela visão das Leis e das Tradições do projeto antigo, do Antigo Testamento, as quais, depois do acontecimento Jesus, só teriam valor se relidas à luz do Caminho, à luz do novo projeto.

O caminho de Damasco trouxe de volta à memória de Saulo as palavras de Estevão e nesse caminho ele percebe a luz do verdadeiro Caminho. Ao entregar-se a ele, caem por terra "as escamas da antiga visão", caem todas as suas certezas, todas as suas seguranças. Mais tarde, escrevendo à querida comunidade de Filipos, confessará: "eu pensava que era a observância da Lei que me daria a salvação, por isso a praticava com todo o zelo, e perseguia quem ia contra ela, mas depois que conheci o Caminho eu perdi tudo. Deixei tudo para trás. Aquilo que eu achava que tinha tanto valor virou esterco por causa da excelência, da 'primazia', da 'grandeza' do conhecimento de Jesus Cristo, o meu Senhor" (cf. Fl 3,4-9). Este é Paulo no outro Caminho! Agora ele é o Paulo apóstolo de Jesus Cristo, por vocação divina, por vontade de Deus, como se definirá no início de todas as suas cartas.

Portanto, o Caminho, a nova direção, o novo projeto, o único acesso ao Pai é Jesus. Simeão já tinha percebido que este Menino seria o novo Caminho, a nova Luz que iluminaria as nações (Lc 2,29-32), e predisse que Jesus seria "um sinal de contradição" (cf. Lc 2,34), isto é, um novo projeto, um novo caminho. O Magistério de Jesus vai, pois, nesta direção, por isso, sua constante controvérsia com os doutores da Lei que impõem ao povo um projeto superado, um projeto sem força para gerar vida nova (cf. Lc 6,20-26; Mt 21,23-27).

Paulo joga-se totalmente no seguimento do "caminho" até o ponto de poder dizer às suas comunidades: olhai para mim e imitai-me, como eu imito Jesus Cristo. Aos gálatas, ele declara numa profunda profissão de fé: "Já não sou eu que vivo, é Cristo que vive em mim. Filhinhos meus por quem sofro novamente as dores do parto, até que Cristo seja formado em vós" (cf. Gl 2,20; 4,19; Lc 2,52).

3. TESTEMUNHAS DO CAMINHO

Maria, a Mãe de Jesus, foi a primeira seguidora do caminho de Jesus porque ela escutou a Palavra de Deus e a pôs em prática. Ela enxergou a realidade como Deus a enxergava e acreditou na mudança que o seu braço forte podia operar. O cântico *Magnificat* é um testemunho de como Maria acreditou no caminho de Jesus e andou sempre nele (cf. Lc 1,46-56).

> Deus sereno nos volte seu rosto, para que conheçamos na terra o seu caminho! Que significa, pois, esse pedido de "conhecer o seu caminho aqui na terra" senão conhecer na terra a Cristo (Santo Agostinho).

> O amor procura aquele que já encontrou. Por isso, quanto mais unidos a Cristo, mais desejaremos participar da Eucaristia. O amor é o caminho, Cristo é o amor, é o caminho do amor. É por amor que escolhemos o caminho, por amor temos pressa de ir avante, por amor alcançaremos nossa verdadeira morada (Pe. João Wu, monge beneditino chinês).

São Bernardo identifica o caminho com a humildade e diz:

> Aprendei de mim que sou manso e humilde de coração. Ei-lo a apresentar-se como exemplo, como modelo de humildade, como modelo de mansidão; se tu o imitas, "não andarás nas trevas, mas, terás a luz da vida!".

4. ORANDO PELO CAMINHO

Em Jesus Cristo, temos um Caminho novo e vivo, que ele mesmo inaugurou através do véu, quer dizer, através de sua humanidade (cf. Hb 10,20).

Precisamos confrontar os projetos humanos com o projeto de Deus. Os caminhos humanos com o Caminho de Deus.

Onde eu vejo a ação de Jesus provocando a mudança? O que faço para que Jesus seja o meu Mestre Caminho? Muitas vezes não quero andar nesse Caminho ou ando com tanta dificuldade e de má vontade. Por quê?

Diante das dificuldades de ser fiel ao Caminho de Jesus e deixá-lo entrar e tomar conta do nosso caminho, das nossas opções e decisões, o jovem Pe. Alberione rezava, e hoje rezamos com ele:

Jesus Mestre, Caminho entre o Pai e nós,
tudo vos ofereço e de vós tudo espero.

Jesus Mestre Caminho, que eu seja vossa testemunha
autêntica diante das pessoas.

Jesus Mestre Caminho, tornai-me perfeito
como vosso Pai que está nos céus.

Jesus Mestre, Caminho da santidade,
tornai-me vosso fiel imitador.

IV - JESUS, A VERDADE

A escola de Jesus é perfeita devido à matéria que ele ensina. Ensina o quê? A ciência divina que faz o(a) santo(a), que é necessária a todas as pessoas. Passaram-se dois mil anos e Jesus continua ensinando do sacrário e prosseguirá até o fim dos tempos. [...]

Jesus Divino Mestre, vós sois o Verbo de Deus. Quisestes ser um de nós para nos revelar a verdade que liberta. Nós vos louvamos Senhor, pela luz do nosso ser! Conhecemos e cremos, e, enfim, vos veremos, face a face, no céu! (Pe. Alberione).

1. JESUS MESTRE VERDADE

Temos de admitir que Jesus é a Verdade, porque ele é a fidelidade do Pai. Ele realizou tudo o que o Pai lhe pediu. Foi fidelíssimo à missão que o Pai lhe confiou. Foi fiel a todo o povo que Deus entregou em suas mãos. Jesus nunca enganou a ninguém com meias palavras ou com segundas intenções como, em geral, estamos acostumados a ver e a ouvir. Paulo também entendeu muito bem isso e, escrevendo aos coríntios, afirma que Jesus é o "sim" de Deus e por ele dizemos "amém" (é verdadeiro, é sólido, é firme, faça-se; cf. 2Cor 1,18-22). E diz ainda que Deus o marcou com o "selo" e o "ungiu". Paulo sente que esse "selo" é a marca, a unção da verdade, da fidelidade de Jesus Cristo para com ele, que foi um perseguidor. Esse selo da verdade marca também a nós no batismo, quando recebemos a filiação divina em nome do Pai do Filho e do Espírito Santo e, pela fé, aceitamos Jesus como Filho de Deus que nos reintegra na família dos filhos de Deus, tornando-nos filhos no Filho. Santo Irineu diz que "O Pai toca o mundo com suas duas mãos: o Filho e o Espírito Santo".

No Evangelho de João Jesus afirma que ele é a luz da verdade:

> Eu, a Luz, vim ao mundo para que quem crê em mim não permaneça nas trevas (Jo 12,46).

> Quem pratica a verdade vem para a luz, para que se manifeste que suas obras são feitas em Deus (Jo 3,21).

Hoje a maioria das pessoas fica com medo da luz porque a luz revela a verdade. Hoje, a nossa cultura moderna ou pós-moderna não poderá dispensar essa luz que mostra a verdade: "Quem é da verdade escuta a minha voz. Para isso eu nasci e vim a este mundo: para dar testemunho da verdade" (Jo 18,37).

Em nossos dias, ouvimos muita coisa sobre a programação de novas filosofias, de novas expressões religiosas; novos conceitos, novos paradigmas, novos "preceitos". Muitos são os que procuram impor uma "verdade" por meios falsos e camuflados, mediante as mais variadas formas de imposição. Mas a verdade que traz alegria aos pobres, que nos faz mudar de conduta, é aquela verdade que vem acompanhada do testemunho de Jesus, do seu modo de agir, da sua conduta pessoal. Vejamos, por exemplo, o caso de Zaqueu. Jesus não disse nem uma palavra, foi puramente sua conduta de vida, seu testemunho pessoal que fez Zaqueu conhecer a verdade sobre suas próprias ações (cf. Lc 19,8). Quem é a verdade diante de Zaqueu? O próprio Jesus com sua atitude de vida. Quando Zaqueu conheceu a Verdade, a salvação entrou em sua casa e o tornou um homem livre: "Conhecereis a verdade e a verdade vos libertará" (cf. Jo 8,32). Toda a conversão, toda a transformação de uma pessoa passa pela renovação de sua mentalidade, de seus pensamentos, de suas crenças e desejos, de suas opções (cf. 1Cor 12,2; Ef 3,14-21). Jesus é o Mestre que mostra toda a verdade, mas não impõe. Deixa livre. Respeita. Não usa nem uma técnica de lavagem cerebral para que a pessoa siga o que ele propõe. A Verdade deixa espaço para a verdade. A Verdade deixa espaço para a consciência do indivíduo, deixa espaço para seu comprometimento livre. Só assim a verdade libertará (cf. Jo 6,60-67). Pedro responde à Verdade: "Senhor, só tu tens uma verdade libertadora. A quem iremos senão a ti?" (cf. Jo 6,68-69).

2. TESTEMUNHAS DA VERDADE

Maria, a Mãe de Jesus, foi a primeira a entregar sua fé a Deus e a confiar plenamente na fidelidade do Pai. Ela não teve outra escolha a não ser a escolha de Deus:

"Faça-se em mim segundo a tua palavra". Cumpra-se em mim o projeto do Pai. E em total docilidade ao Espírito Santo ela deixou que ele a conduzisse na fidelidade de sua promessa (cf. Lc 1,26-37). Ela ouviu a Palavra da Verdade e a Verdade gerou nela o Filho de Deus. Assim, ela torna-se ao mesmo tempo portadora e anunciadora, comunicadora da Verdade.

Paulo amou tanto a verdade de Deus que desejava contemplar sua face: E Deus mostrou-lhe sua verdadeira face: o Filho glorificado, o seu Ungido, o Senhor da história – Cristo Jesus (cf. At 9,1-31).

"Um só é vosso Mestre, Cristo." Este texto do Evangelho declara-nos qual é o princípio fundamental da iluminação do conhecimento: Cristo. Sendo ele irradiação divina, e sustentando tudo com sua palavra poderosa (Hb 1,3), é, por tudo isso, a fonte da sabedoria. Cristo "é a fonte de todo o reto conhecimento, sendo ele 'o caminho, a verdade e a vida'" (São Boaventura).

3. ORANDO EM VERDADE

É bom parar, pensar e tomar novas atitudes. Parar! Como é difícil hoje parar para verificar em quem acredito. Quais são as razões de minha fé? Quais são os critérios, as motivações que guiam minhas decisões, projetos, ações? Quais são minhas preferências, minhas escolhas? Como olho e como julgo a realidade hoje?

A Verdade estará sempre conosco e nos iluminará, como no sonho do jovem Tiago Alberione: Não temais! Daqui quero iluminar. O Pe. Alberione, no seu amor a Jesus Verdade, compôs esta belíssima invocação a Jesus Verdade única, que liberta de todas as amarras que não nos deixam sermos livres filhos de Deus.

Pe. Alberione rezava, e hoje nós rezamos com ele:

*Jesus Verdade, que eu seja luz
para o mundo.*

*Jesus Mestre Verdade, santificai minha mente
e aumentai minha fé.*

*Jesus Mestre, libertai-me do erro,
dos pensamentos inúteis e das trevas eternas.*

*Jesus Verdade,
de vós tudo espero.*

V – JESUS, A VIDA

Jesus Mestre não comunica somente a ciência divina, mas comunica sua própria vida aos discípulos tornando-os iguais a ele. Forma-os para a vida divina e guia-os para a vida eterna.

Jesus Mestre, acendei em nós o fogo que ardia em vós, para que saibamos doar inteiramente a vida ao serviço de Deus e dos irmãos (Pe. Alberione).

1. JESUS MESTRE VIDA

Jesus é a vida plena. Ele deve impregnar toda a história, que está grávida. A história está grávida e grita por uma vida à imagem e semelhança de Deus, porque esta vida é vida plena de ternura, de carinho, de luz, de saúde, de alegria, de paz. Esta vida, à imagem e semelhança de Deus, é gratuidade e solidariedade, beleza e força, respeito e liberdade.

Esta vida produz felicidade, por que desfigurá-la?

Jesus declarou abertamente: "Eu vim para que todos tenham vida e a tenham em abundância" (Jo 10,10). Mas, hoje, o que vemos em nossas grandes cidades e também no campo, na maioria das vezes, é um resto de vida. Alguma "figura" de vida que mal pode ser olhada. Exatamente o contrário da vida em abundância que Deus quer nos dar. Causa revolta toda essa injustiça social que gera o aviltamento da vida. No entanto, é vida plena que Deus quer para seus filhos e filhas, para esse ser que ele gerou à sua "imagem e semelhança" (cf. Gn 1,26). O mundo precisa de homens e mulheres não só capazes de gerar vida à imagem e semelhança de Deus, mas "do jeito" que Deus gerou a vida e como ele a ama e a conserva. Durante o seu magistério, Jesus formou seus discípulos e discípulas e os enviou dois a dois para que proclamassem o Evangelho do arrependimento, da cura aos doentes, do perdão das ofensas e para que arrancassem o mal que gera o desequilíbrio da vida no ser humano. Jesus pediu que gerassem vida nova em seu nome (cf. Mc 6,7.12-13), Jesus é "Pão da vida" (Jo 6,35.41.48). O pão se deixa comer, se deixa despedaçar para dar vida. O pão desaparece para tornar-se "o outro". Não é assim? Pois bem, Jesus entrega sua vida até derramar a última gota de sangue em favor da vida humana.

Os primeiros cristãos fizeram exatamente o que Jesus fez. Logo após a ressurreição de Jesus iniciaram o "movimento de Jesus", um movimento missionário para defender a vida. Começaram a viver em pequenas comunidades preocupados uns com os outros. Eles se amavam tanto e eram muito solidários, hospitaleiros, que ninguém passava necessidade. Os gentios davam deles esse testemunho: "Veja só como eles se amam!". Como seria bom se pudéssemos nos dias de hoje dar esse mesmo testemunho em favor da vida de nossos irmãos e irmãs empobrecidos ou marginalizados.

> Todo aquele que guardar sua vida vai perdê-la, mas todo aquele que perder sua vida por amor de mim vai ganhá-la. Que adianta ao homem ganhar tudo neste mundo se depois vier a perder sua vida? (Mt 16,25-26).

Foram estas palavras do Evangelho que fizeram do general Inácio de Loyola o Santo Inácio de Loyola. Todas as coisas só têm sentido se ajudam a vida a ser mais vida.

Os *Santos* e as *Santas* foram pessoas que se preocuparam com a vida dos irmãos e irmãs. Todos têm direito à vida! Todos têm direito ao trabalho! Todos têm direito aos bens de primeira necessidade, aos bens que sustentam a vida e a tornam plena e feliz, mesmo quando Jesus diz que devemos confiar na providência divina, porque este conselho de Jesus não nos tira o direito ao justo salário. Pelo contrário, ele o afirma. Jesus quer dizer que o nosso trabalho deve estar em continuidade com a ação criadora de Deus.

> Porventura a vossa vida não vale mais que o alimento, mais que o corpo, mais que a roupa? Procurai em primeiro lugar o Reino de Deus e a sua justiça e todas as coisas vos serão dadas por acréscimo (cf. Mt 6,25-34).

Estas palavras do Evangelho fizeram do jovem João Calábria o santo dos pobres; de Teresa de Calcutá, a princesa dos miseráveis. Francisco de Assis chegava a beijar os leprosos, e Clara o acompanhou nessa caminhada em favor da vida dos sem-vida. A irmã Tecla Merlo desejava ter mil vidas para gastá-las todas na nobre causa da comunicação do Evangelho, da Vida. São Paulo dá toda a sua vida por Jesus e exclama no zelo de sua fé: "Ai de mim se eu não evangelizar!". Preocupa-se com a vida dos pobres, que ele chama de santos, e solidariza-se com eles através de uma coleta (1Cor 16,1-4). Cria uma comunidade entre os escravos do porto de Corinto e com eles permanece cerca de dois anos. Sabem por quê? Porque os coríntios eram os crucificados da época de Paulo. E São João diz que: "Reconhecemos o amor pelo fato de que ele entregou sua vida por nós, e também nós devemos dar a nossa vida uns pelos outros" (cf. 1Jo 3,16; Jo 15,13). Foi isso que ele fez, e, porque compreendeu a profundidade do mistério de Deus escondido em Jesus Cristo, declarou que só o amor é capaz de gerar vida (cf. 1Cor 13,1-13).

Pe. Alberione diz: "Nosso compromisso é com Jesus Mestre Caminho, Verdade e Vida da humanidade". A plenitude da vida na justa aspiração profunda do ser humano: cristão, religioso, sacerdote/consagrado; a vida gloriosa diante da morte; a vida presente como preparação da mente, dos sentimentos, da vontade e do corpo para o céu, são temas frequentes nas reflexões do Pe. Alberione. Como Paulo escrevendo aos gálatas se compara a uma mãe que gera a vida de seu filho: "Filhinhos, por quem eu sofro novamente as dores do parto, até que Cristo seja formado em vocês", Pe. Alberione sente o anseio de que Cristo seja tudo em todos, e as palavras "até que Cristo seja formado em vocês" foram muito fortes e decisivas na sua vida e na vida da família paulina. Ele escreveu um livro a partir desse título, em que dá toda a base para uma sólida espiritualidade fundamentada em Jesus Mestre Caminho, Verdade e Vida. Como São Paulo, Pe. Alberione também não admite outro alicerce, outro princípio de vida cristã que não seja Jesus Cristo (cf. 1Cor 3,11). Para gerar vida é preciso estar muito vazio de si mesmo, aceitar as dores próprias da gestação e do parto, não ter medo do sofrimento, esquecer-se de si e pensar no bem do outro, porque o outro é a imagem de Jesus Cristo. *Donec formetur Christus in vobis*, "Até que Cristo seja formado em vocês!" (Gl 4,19).

2. TESTEMUNHAS DA VIDA

Maria, a mãe de Jesus, que fez senão levar vida plena à casa de Isabel, na cruz e no cenáculo?

A Igreja a invoca como Mãe da divina graça, saúde dos enfermos, causa da nossa alegria. E o Pe. Alberione vê a devoção a Jesus Mestre em estrita união com Maria que ele invoca com o título de Mãe, Mestra e Rainha dos Apóstolos. Ela formou Jesus para a vida e continua a formar todos aqueles que querem segui-lo.

O teólogo Labauche diz o seguinte:

O cristão não é aquele que imita a Cristo vivendo paralelamente a ele, mas é quem imita a Cristo vivendo em comunhão com ele, o que significa aceitar plenamente as luzes, as inspirações, as intuições que o Salvador lhe comunica e que fazem parte da própria *vida* do Divino Mestre.

3. ORANDO PELA VIDA

E eu? Amo a vida? Como cuido em mim e nos outros da vida humana, da vida espiritual? A quem coloco como alicerce da minha vida? Tenho alguma preocupação em gerar Jesus Cristo em mim e nas outras pessoas? Com que tipo de vida eu estou comprometido(a)? O que faço para que a justiça social seja fruto do meu testemunho de vida?

Pe. Alberione se extasiava com a vida vivida na família de Nazaré, "na doce escola de Nazaré", como ele a chama.

Diante de Jesus Vida, o Pe. Alberione rezava e hoje nós rezamos com ele:

Jesus Vida, vivei em mim
para que eu viva em vós.

Jesus Vida, não permitais
que eu me separe de vós.

Jesus Vida, fazei-me viver
eternamente no vosso amor.

Jesus Vida, fazei que minha presença contagie
a todos com o vosso amor e a vossa alegria.

VI – UMA ESPIRITUALIDADE QUE SE COMPROMETE

No decorrer de nossa reflexão, procuramos compreender essa espiritualidade paulina que fez um "pacto" com Jesus Mestre e que prometeu empenhar-se na vida espiritual, na pobreza, no estudo e no apostolado, confiante de que Jesus retribuirá com o "quádruplo", segundo a fé do Pe. Alberione. Não esqueçamos essa realidade! Jesus mesmo disse que estaria sempre conosco e que tudo o que pedíssemos ao Pai por meio dele haveríamos de conseguir, para que o Pai seja glorificado e a nossa alegria seja plena (cf. Jo 14,13; 16,23-24).

Pe. Alberione fez um "Pacto com Jesus". Este "pacto" ainda hoje é uma força da espiritualidade paulina:

> Portanto, reconhecendo nossa insuficiência, nossa pobreza, nosso medo, nossa fraqueza e nossa ignorância, confiamos somente em vós, que sois o Caminho, a Verdade, a Vida, a Ressurreição, o nosso único e supremo Amor. Multiplicai, conforme vosso infinito amor, as exigências de nossa vocação especial:[1]

---

[1] Cada instituto, cada congregação tem uma vocação especial; o batizado também tem uma vocação especial...

- os frutos de nosso trabalho espiritual (projeto de vida, oração, santidade);
- o nosso estudo (uma hora deve produzir por quatro);
- a nossa pobreza (que prevê, provê, conserva e edifica com o testemunho);
- o nosso apostolado-missão (sempre avante, transpirar Deus por todos os poros, incansáveis como São Paulo).

Dignai-vos, bom Mestre, acolher-nos como acolheste o apóstolo Paulo. Aceitai esse nosso *pacto* por meio de Maria Mãe, Mestra e Rainha dos Apóstolos. Amém.[2]

1. NO CENTRO ESTÁ JESUS

Jesus Mestre Divino Caminho, Verdade e Vida está no centro, é a alma, o coração da vida paulina. A ele tudo converge: oração, espiritualidade, estudo, trabalho, vida comunitária, vida apostólica. Tudo está voltado para ele, desde o levantar até o deitar, porque tudo está em função do viver e comunicar Jesus Divino Mestre. Comunicar sua vida como São Paulo o fez e se expressou dizendo: "Nele existimos, nos movemos e somos" (At 17,28). A vida eucarística e a meditação da Palavra são os dois trilhos sobre os quais corre a santidade e a missão. Da Eucaristia para a missão; da missão para a Eucaristia. Nós nascemos, crescemos e nos alimentamos da Eucaristia e da Palavra.

O projeto de toda a obra do Filho é que tu conheças o Pai. Por que, então, tu tornas vã a obra dos profetas, a encarnação do Verbo, o parto da Virgem Maria, a força dos milagres, a cruz de Cristo?

---

[2] *A família paulina em oração*. São Paulo: Paulinas, 1983, p. 216.

Tudo isso foi feito para ti, tudo te foi oferecido, a fim de que se manifestassem a ti o Pai e o Filho. Aquele que é o caminho não nos conduz por um caminho errado ou intransitável. Aquele que é a verdade não nos ilude com falsidades. Aquele que é a vida não nos abandona na alienação da morte. É necessário refletir profundamente sobre o trinômio: Cristo Caminho, Verdade e Vida, porque ele é o retorno decisivo e salvífico para o Pai. "Ninguém vai ao Pai senão por mim" (Jo 14,6) (Santo Hilário).

2. LEITURA DIVINA E ORANTE DA PALAVRA

Como podemos fazer uma leitura bíblica que seja libertadora e comprometedora, ou seja, uma leitura que transforme a vida. Uma leitura que nos apaixone por Jesus. Que nos comprometa com sua causa e com a glória do Pai. Que faça de nós apóstolos e apóstolas ardorosos, como tantos irmãos e irmãs que nos precederam na fé e na missão.

Vamos aprender um método, um jeito de ler a Bíblia que ajude a entender o que ela quis dizer na sua época e o que quer dizer para nós hoje. Este método é chamado de Leitura divina e orante da Bíblia. Recomendamos a leitura do documento pós-sinodal *Verbum Domini* sobre "A Palavra de Deus", que fala da *Lectio Divina*, ou seja, Leitura divina e orante da Palavra.

Passos para uma Leitura divina e orante:

1º passo: Invocar o Espírito Santo
Ler o texto até entender o que se está lendo. Para facilitar, perguntar ao texto:

- Quem está falando? Sobre que assuntos estão falando?
- Com que sentimentos estão falando (por exemplo: amor, alegria, perdão, ódio)?

2º passo: Meditar

Pe. Alberione dizia: acompanhar a leitura com o dedo e, se encontrarmos uma palavra que nos toca, ficar aí meditando e ruminando até que o dedo queime. Refletir, ruminar o texto (como faz o gado: come e depois deita para ruminar). Aplicar a mensagem na própria vida, na vida da família e da comunidade. Perguntar ao texto:

- O que você quer dizer para mim? Para nós? Para a nossa comunidade?

3º passo: Falar com Deus, rezar o texto

O texto que lemos e meditamos deve nos fazer rezar. Vamos responder a Deus com a oração tirada da nossa vida ou da nossa realidade, mas uma oração que brote do versículo que meditamos. Quando tiramos a mensagem e a oração de dentro do texto que estamos meditando, nós queremos ser fiéis a Deus que nos fala através do texto. Perguntar ao texto:

- O que é que você me faz dizer a Deus? Daí a oração brota espontânea de dentro de nossa vida, como se estivéssemos falando pessoalmente com ele, do jeito que um amigo fala para seu amigo.

4º passo: Contemplar a Deus e a realidade

Olhar o mundo, a história, a vida, os acontecimentos como Deus os olha, e com os sentimentos de Jesus. A contemplação é um momento muito bonito porque nos coloca na intimidade profunda com o Senhor e nesse silêncio podemos experimentar o seu amor.

- Fazer um bom propósito. Tomar uma boa decisão: Qual é minha decisão agora? Que vou fazer para corresponder ao amor de Deus?

O NASCIMENTO DA VOCAÇÃO PAULINA!

Era noite [...] passagem do século de 1900 para 1901!

Diante do sacrário, Pe. Tiago Alberione recebeu de Deus uma luz especial, vinda da *Hóstia*, na prolongada adoração de quatro horas na Catedral de Alba (Itália). Compreendeu melhor o convite de Jesus: *"Vinde a mim todos* vocês que estão cansados de carregar o peso do seu fardo, e eu lhes darei descanso [...]"* (Mt 11,28) – convite a sermos apóstolos de hoje [...].

Pe. Alberione sentiu-se profundamente obrigado a se preparar para fazer algo por Deus e pelas pessoas do novo século com as quais conviveria. Teve consciência clara da própria nulidade, mas, ao mesmo tempo, sentiu em si o "Estarei convosco até o fim do mundo" (Mt 28,20), na Eucaristia. Compreendeu que só em Jesus-Hóstia se encontrariam luz, alimento, conforto e vitória sobre o mal.

[...] Parecia-lhe que, no novo século, pessoas generosas sentiriam o que ele sentia, e que, fazendo parte de uma organização, poderiam realizar o que Toniolo tantas vezes repetia: "Uni-vos! Se o inimigo nos encontrar isolados, vencer-nos-á um por um". Pedia que o novo século nascesse em Cristo Eucaristia, que a Igreja tivesse um novo impulso missionário, que fossem usados bem os novos meios de comunicação [...] (cf. AD, n. 15-19).

ORAÇÕES

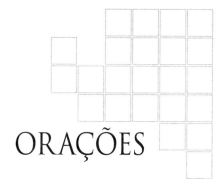

Oração a Maria Rainha dos Apóstolos pelas vocações

Ó Maria, fostes escolhida por Deus para ser a mãe de seu Filho.

Fostes a primeira a dar Jesus ao mundo.

Vós vos tornastes a Rainha dos Apóstolos, porque permanecestes no cenáculo, em oração, juntamente com os discípulos de Jesus.

Sois a mãe das vocações sacerdotais e religiosas, e de todos os leigos evangelizadores.

Maria, a messe é grande e poucos são os operários.

Muitos são os desafios dos tempos modernos!

Suscitai, na Igreja, santas e sábias vocações, para que evangelizem com a mesma fé que vos levou a dizer sim a Deus e com o mesmo ardor de Paulo na entrega total de si mesmo.

Intercedei por todos os que, correspondendo ao chamado de Jesus, tornam-se missionários comunicadores do Evangelho.

E que utilizem todos os meios de comunicação disponíveis para chegar a todas as pessoas com a mensagem de Jesus: "Vinde a mim todos".

Maria, sede para todos os comunicadores da Palavra companheira, guia e protetora na caminhada rumo ao céu. Amém.

Pe. Tiago Alberione

Oração a São Paulo

Ó São Paulo, olhai com amor para a nossa Pátria! Vosso coração dilatou-se para acolher todos os povos no abraço da paz. Agora, no céu, o amor de Cristo vos leve a iluminar a todos com a luz do Evangelho e a estabelecer no mundo o Reino do amor.

Suscitai vocações, confortai os que anunciam o Evangelho. Que todos encontremos e reconheçamos a Cristo como o Caminho, a Verdade e a Vida.

Iluminai, animai e abençoai a todos. Amém.

Pe. Tiago Alberione

Oração a Jesus Mestre

Jesus, divino Mestre, eu vos adoro, Filho muito amado do Pai, caminho único para chegar a ele.

Eu vos louvo e agradeço, porque sois o exemplo que devo seguir.

Com a vossa vida me mostrais a mais alta perfeição, e me convidais a seguir-vos nesta terra e no céu.

Com simplicidade, quero aprender de vós o modo de ver, julgar e agir.

Quero ser atraído(a) por vós para que, seguindo as vossas pegadas, eu possa viver dia a dia a liberdade dos filhos e filhas de Deus, renunciando a mim mesmo(a), para buscar em tudo a vontade do Pai. Aumentai a minha esperança, impulsionando plenamente o meu ser e o meu agir.

Ajudai-me a transmitir com minha vida a vossa imagem para que, assim, possa vos possuir eternamente no céu. Amém.

Pe. Tiago Alberione